AF209097

Lino García Morales

La siesta de los besos robados

Edición e impresión por BoD – Books on Demand
info@bod.com.es – www.bod.com.es
Impreso en Alemania – Printed in Germany

ISBN: 978-8-4132-6971-9

A Hugo, Héctor y Viki,
a David Palacios y Luis Gómez,
a Danilo Molé y Abel Pérez,
a Orlando Bernal y Pedro Pablo Pedroso.

Te dejé
con el mismo estado civil con que te conocí
Te debo
lo que me enseñaste y la falta de lo que no aprendí
Te agradezco
todo lo que en ti fui y lo que
desafortunadamente
no pude ser
Te recuerdo
con todo lo malo y lo bueno que fuiste
tal y como son
todos los pasados

Juntos quizá hicimos más cortos los silencios
          y más tiernos las noches del invierno
y digo quizá
          porque no hay derecho a molestar a otros que juntos
          hacen el día en 24 horas

Lo desea
        Y el sueño la vence
Quiere abrazarle
        Y el dolor la inhibe
Lo ama
        Y el amor se escapa

Déjame un segundo
Olvidar tus encantos
Y tenderte en mis sesos
Y saciarme en tu beso

Déjame un minuto
Quitarte de mi vista
Y tirarme los ojos
En tus senos abruptos

Déjame una hora
Vestirte de presagios
Y decirte palabras
Que desnuden tu cuerpo

Déjame una vida
Y pensar que un segundo
Para desesperado
Consumirte en el tiempo

No mereces que diga

                       Eres muy linda

O que mienta diciendo que

                       Tu cuerpo es perfecto

No mereces que aluda

                       Eres muy buena

O me quede muy corto

                       Es maravillosa

No merece estas estupideces
O malgaste grafito
En garabatos pasivos

Merece que estás viva
Y estoy vivo
Y que no halle palabras
Que me digan quién eres

Tenía un *ojo gris* y otro de sol
En él los niños se hacían pipí
y chapoteaban
Le dolió cuando estalló el almanaque
                    y perdió la cuenta del desayuno
Cuando se le cayó de la oreja
                    la primera palabra
La arrolló un camión de promesas
Los ojos se le salieron corriendo
La lengua se la comió una vaca
Y no pudo decir
                    ni un centímetro
Me parió cien veces
Tuvo mi apellido en cuarentena
Soñó que la desnudaba
Tembló en el toque de silencio
No pudo descifrar los pedazos
que nos mezclaron de mar
Contó mil estrellas en una noche
Y se convenció que 2 x 3 es 4
Fue cómplice de mis atentados
Estuvo involucrada en mis lunares
Me dijo que no estábamos solos

Que un día me acordaría
de la cebolla que me salió por la nariz
Se equivocó
Me acordé
fue por el pie

Cuando voló patas arriba
Me regaló una espina de pescado
acabada de disecar
y un grillo que canta
cuando le parece
Nace una llama

Olvidé que hasta olvido
La forma de olvidarte

No sé si aún existes

    cuando resbalas entre mis dedos

No sé si aliviar obstáculos a tu carrera

    es un buen temor

No sé de esta increíble satisfacción

    de neurona embalsamada

No sé del calor

    que el tiempo agita sin prisa

No del amor

    que de tanto madurar se pudre

No sé si vivir

    es lamer la felicidad del polvo de la calle

Si el edificio de 10 plantas de la esquina
Levantase sus patas de columna
Y cruzase la acera cuando pongan la verde
                                    A los peatones
Sabría que pensabas

Si cuando llegase
                        Como muestra de júbilo
Riera con sus dientes de ventana
Sabría que sentías

Pero si de tanta risa
            Por la hazaña de su pequeño cambio
            De su nuevo perfil del horizonte
Se desplomara en el tráfico
Sin duda
Sabría que tramabas

Su sombra se estiró en la arena
                              y rodó como un tiesto
Las gotas de sudor mearon en los poros abiertos
En el oxígeno oxidado (contra la húmeda nata del mar),
unas partículas histéricas (rizadas por el viento)
                              escalaron los pies
La misma manga
              desprotegió su cabello
              y arañó unas grietas de cansancio
Las saló con el salitre de un abrazo
mientras amanecía

Ni un solo rastro
Solo cuentas de teléfono sin tono,
diarios ilegibles, cintas evasivas
palabras congeladas en silencio
trozos de sábanas mojadas
fotos cagándose en las sombras
noches pariéndome anteojos
buscándome en la luna
tu perfume

El día fue un dado
Me puse tras la reja para hacer tu jugada
Reíste en primer plano hasta filtrar un beso

Ahora la foto juega sin memoria
Y los óxidos crujen
Cuando intento saltarla

Tú
La ventana sin marco donde habita el sol
No proyectes mi sombra
Ábrete
Desnúdame la luz
Trágame el eco
Múdame de espacio
Corro a tu infinito

No llores
Por no alcanzar mi dolor
Deja que mi único suero
Sea tu risa

Ahí esta el pullover sobre la silla
Esperando que otra vez te desnudes
Para rodar en tus senos
Ahí está con tu olor suave a talco de bebito
Y fresco como el aire que abriga tu cuello
Ahí está
Y yo desde mi cama
Envidio no estar en su lugar
Cuando lo alzan tus manos

Agotas mi paciencia
La aprietas en tu lengua
La desgarras, la escupes como un hongo caliente
La recoges del suelo aún humeante
(Donde consumió unas piedras)
Te vas al octavo piso
Está alto
La tiras sin haberlo pensado nunca
Cae en la acera
(A su lado hay un banco)
El viejo que duerme sobre el se sobresalta
La aplasta con sus botas
(Horada por sus dedos artríticos)
Se va
Mi paciencia se hace líquida
Como un tomate
Se filtra por una rendija a la tierra
La devoran las hormigas
Salen a la luz corriendo a todas partes
Vienen unos niños
    Hormigas bravas
    No, son locas
Las aplastan y patean el banco

Para limpiar la prueba de su crimen
Mi paciencia se hace gas
Da una vuelta por el jardín
Trata de homogeneizarse
Tú has bajado
La respiras
Se pierde entre los pelos de tu nariz
Vas a buscarla a otra parte
Casi al caer el sol
Se encuentran cuatro restos imprecisos
Se juntan
Tratan de transformarse en palabras legibles
Tocan a tu puerta
Abres
Agotada
No estoy

Hace un año se repite la misma música
La conozco timbre a timbre
Compás a compás
Discipline
Hace un año el mismo disco
Nuevo, mágico, inconcluso
La ducha caliente, la cama helada de año nuevo
El edredón, la ventana
Las largas noches pasándonos del uno al otro
La risa
Hace un año el mismo disco
Con una cama diferente
Una puerta al baño
Una gata de porcelana caída al suelo
Una pesadilla
Sin risa
Hace un año era la misma música
Sólo faltamos nosotros

Mi lengua arrolló tu carisma
Realmente el pez no era un anzuelo
Perdona
Ella no supo convencer al anzuelo
Para que sea pez

Giran las luces en la avenida
Mucho fresco en la ventanilla derecha
Dentro está oscuro
Nadie nos ve
Tanta luz y…
Somos invisibles
Miras de reojo sin apretar el timón
Las ruinas de la izquierda
Las has visto muchas veces
Parecen nuevas
No nos oímos
Sting lo impide
El *high* alza tus faldas
Las medias se desnudan
Tu boca es suave
Hueles con personalidad
Parqueas en las ruinas
No hay papel
Que importa
Estoy aquí
Oliendo tu personalidad

No hay aire
Las ventanillas subieron
El casete se aleja lentamente
A pesar de pesar sobre tus trapos
Tú eres la música
Los asientos se tiran en las bocinas
El faro juega a descubrirnos
Casi vamos al maletero
Todos nos ven
Jugamos a que no lo hacen
Los minutos son cuartos de hora
Los cuartos de hora son asientos
Los asientos son tu carne
Bailando
La mía

Las manecillas opacas digitales no se paran
Pones el pie en el claxon
Nadie nos ve
A nadie le importa descubrirnos
Solo a nosotros
Miro hacia adentro
El faro refleja la personalidad de tu boca
Entre mi esófago estudio tus papilas
Y los capilares de tus piernas
Tu cabeza se tira en los asientos
Se hunde en el maletero
No sé si hay aire
No sé si vi estas ruinas alguna vez
No sé si los minutos son tus pelos
Enredados en el timón
En las ruinas
En mí

Te vas a la estación con una maleta pequeña
De regreso al cuarto vas al baño
Tu ceño está fruncido
Hay una parte de mí que te indigesta
Completo no quepo en tu maleta pequeña
No puedo ir de viaje
Quizá en tu zapato
Apretándome un poco
Dejando lo que te parezca imprescindible
No vuelvas al baño
Dejas el trozo de indigestión
Haces bien
Sólo que no hay otra maleta
Para guardar lo que sobra de mí
Guárdalo en tu falda
Te prometo que esas partes
Se portarán bien
Orinarán con cuidado de no salpicar fuera
Y vivirán por un tiempo en tu armario
Para que puedan viajar
De regreso

A veces presiento que fui una pieza
Y aquel tablero era mi ciudad

Carlos Varela

Las mismas calles, sus dobleces
La misma mansedumbre
                    los muros del malecón
                    las nalgas alternándose el mar
El mismo parque en penumbras
El mismo monumento
Los niños jugando con ser grandes
La ciudad cuadriculada
                    Con las mismas aperturas
La misma gorda grosera de la fondita
El mismo vacío en las vidrieras
Los mismos ruidos
La interminable prolongación de los días

Pero todo es diferente
Antes nos cagábamos juntos en todo eso
Y ahora
Cuando otro neón del parque
Amenaza titilante en la intriga de las sombras

Solo queda medio estómago
El desaliento absuelto
Y un poco de aire
Para seguir solo

En medio de este gran apagón
                    podemos morir para seguir viviendo
Marcar las paredes con besos en la noche
Retozar cualquier profecía entre los labios
Hidratar con semen los excesos
Arrancarnos la piel y lubricarla
Y deslizarnos por ella hasta el orgasmo
Otros pueden pasar y decir
        Mira a esos
        No les da pena
(En realidad están muertos de envidia)
Tropiezan
        y el roce les devuelve el instinto animal del sexo pero
Nosotros somos sordos
Excepto cuando susurra un rabo de nube
Nosotros somos suicidas asesinándonos
(En pleno derroche de resurrección)
Ahogándonos en el oasis púbico de tu vientre
El semáforo en rojo es una puerta cerrada
La calle huele a ácido y abandono
Faros de los coches o fuegos fatuos
Cocuyos intermitentes de la vida
Nosotros seguimos allí
Devorándonos

Mi diosa de piernas abiertas sobre el volante
Con luces de carretera penetrando en su vulva
Mi diosa de blusa desabotonada
Y blúmer colgando del retrovisor
Mi diosa de madrugada
Con dedos esparciendo la humedad del clítoris
Mi diosa de posibles accidentes
De postes intermitentes
Maniobrando el destino

Unos toneles de concreto estiran mi sombra
Gano lo justo para comer
      El mendrugo de emoción expuesto en tu vidriera
Como un juguete no básico
Como si el deseo pudiese
          Alguna vez
             Ser satisfecho
Camino entre calles sin nombres
          Ni sentido
Me columpio en el vacío herrumbroso de tu sensualidad
La arteriosclerótica risa a nuestra espalda
      No cesa de ser una vieja puerta
Oigo una termocefalia
      Como un sordo que afina un sintetizador electrónico
Arrastro los pasos por aceras viscosas
Me ahogo
Los músculos, las venas, son un acertijo
      de una desesperada instalación hidráulica
Los pellejos, cucigrámicamente surcidos, son endebles
A los pulsos que robo de tu sujetador
Escolarmente descubrimos nuestra soledad
Vestimos el aislamiento térmico del miedo
Caigo en los lunares de tus escollos inéditos

Despiertan mis dedos en tus carnes palpitantes

                                  Y recias

Duermo bajo tus sábanas azules

Tu sauna energoanalgésica es un espéculo a mis poros

En un primer y único reconocimiento

Desatas un clímax de siete semanas y media

Mi lengua filosofa en tus curvas de marea

Tus cabellos sudan

Eres un humidificador que ventila los orgasmos

Sacio la sed en tu clítoris

El mundo se derrama

Las figuras en deuda miran desde el espejo

Somos un cable pelado de alta tensión

Entre nuestros mordidos ecos nasales

La habitación se acelera

La secreción de las baldosas

            La libertad más ancha y demoledora del éxtasis

Aplasta el relámpago prensado del tiempo reprimido

Estamos en cortocircuito

Bloqueo

Somos únicos

(Ya lo se, es horrible)

Somos únicos

            Con fuerzas para saltar la línea del horizonte

                                  del bien y el mal

            Con bolas para demoler la ciudad más crepitante

Llenos, desbordados, repletos

Robando el gozo a las tortugas mugrientas

Resoplando felicidad

Como si sobrara,

            Como si por una vez, economizar no fuera prioridad

Los tanques se desaguan

Los nervios se estrangulan

Las tráqueas arden
Un hilo de voz diente aserrado escapa un soplo
Tus muslos se destensan como raqueta aficionada
Tus senos se desinflan
Sirven de cauce al río del delito
En el teatro del barro
El telón abre solo cuando puede
Comienza la vieja función
El diario
Nada debe importar
Si negamos los relojes
Pero el suave amarizaje en la tierra
Depara una atómica telaraña de razones
Rostros, jetas, pasarelas, esquemas
Adoptar al tiempo recuerda el agua en la nevera
Tejados, parques, teléfonos
¡Es hora de regresar!
Miradas perdidas del álbum familiar
Bocinas de ómnibus decorados de hollín
Gargantas secas de café y tabaco y ron
¡Vuelvan!
Mal olor que perfuma contenedores de basura
Viejos de los bancos
Cepillos vacíos
Aquí estamos
Atrapados entre sus redes
No cabe dudas
Cierro la ventana
Como un cuadre contable de fin de mes
El pasado se detiene junto a la puerta
Tiene intensión de llamar, pero sigue de largo
Mañana
Cuando llegué el mañana sin remedio

Beberemos el primer sorbo del desayuno
Abriremos el tumulto de ocasiones diluidas
Masticaremos cada rayo de luz
Te recordaré que
        La dinamita que amasamos desnudos
                        desde la cuenta a atrás
Solo pudo ser
Viviendo en una ola

Así es el baile
A total contraluz
El baile de máscaras

Así es el valle
No logra existir
      Su sombra de rata

El animal que me comparte
Va a descansar al fin
      Después del baile y la sombra
      Después del valle y de mí
En el borde rítmico del mar

Así es el baile
Muriendo despacio
Así quedó el valle

Nuestros cuerpos sonríen
Como un campo de batalla
Yo te miro desnuda
Tal como no eres
Soy un vendaje de soldado
Me dices

El valle es el claro
      De la penumbra de los inocentes
La cara fea del miedo
En el baile de fin del mundo suspendido
      En el aire

Todas las sombras
Juegan
      Tristes
A mojarse los pies

Las miro cansado
Tengo una bomba de fósforo
Que no explotó
En mis restos de manos
      De vendas

El baile congelado en su total alegría

Cuando estamos juntos
La noche puede estrepitarse en los matorrales
Las losas del suelo apagar la luz
El ventilador mirarse en el espejo
Las persianas cambiar su casete preferido
Las horas engañarnos con sus reflejos
El despertador gritar morder la sábana
La puerta cerrarse en el banco del parque
Las hierbas trepar por las paredes
La pintura rallar la imaginación
Todo
Lo único que no puede suceder
Es tu vacío

La nostalgia es ese regreso de algo que vivimos mal o que vivimos a media y que muchas veces está irremediablemente acabado. Entonces la misma nostalgia nos hace comprender que es imposible recuperar ese pasado mal vivido o no vivido.

Alfredo Bryce Echenique

Necesito hablarte de la desesperanza
        Las frustraciones
            El fracaso
Sobre las cosas que uno no ha podido lograr
        Cuatro señales apuntando hacia dentro
        El cruce sin caminos
El irremediable vacío del desgarramiento
        De la nostalgia futura
Mañana ¿invadirá súbitamente
De forma inconsciente el pasado
en mi presente?
Si esto ocurre me aterraría saber
Que no arriesgué a cualquier precio
Este presente
Que quedó algo por hacer
Que no te tuve

Tu sombra silenciosa proyectada en la vía
El trote de tu risa cabalgando mi anhelo
Dos mil casualidad de millones de sueños
Tu siempre cantando al tiempo que nos vence
Miro desde tus ojos el amanecer
Y celebro un nuevo día
Que proyecte tu sombra silenciosa en la vía

Estos ojos tuyos me han contado de ti
Burlándose de tus labios
Me hablaron del deseo
Y tus labios se ruborizaron
Me hablaron del miedo
Y tus labios se transfiguraron
Me hablaron de la vida
Y tus labios se curvaron
Me hablaron del odio
Y tus labios se apretaron
Me hablaron de la intriga
Y tus labios se ajaron
Me hablaron de la muerte
Y tus labios se cerraron
Me hablaron del amor
Y tus labios se ancharon
Aún cerrados hablaban
Y tus labios se turbaban

A estas horas
Debatirás a la sombra del fuego
La táctica a seguir
Con tus compañeros

Tomarás la risa de otra identidad
Para transitar las calles
Negociando palabras

Mascarás aquellos diptongos
Que no debes pronunciar
Pese a todo hecho

A estas horas
Llorarás sin lágrimas
Frente a una herida desesperada

Ausente de todo
Reirás perdida entre el humo
De la ciudad acabada

Estarás en cada carpa de aliento
Como un pequeño sol urgente
Entre luces y sombras humilladas

Un ojo habló de la muerte y contó
                Inundado en lágrimas
De la vida que no pudo ser
Y del fragmento de fracaso en la rodilla

Este cedió la palabra al otro que
                Vidrioso de alegría
Habló de cambio
Y de lo aún guardaba en sus deseos

Vino de nuevo el primer ojo
Para hablar del engaño
Del proyecto traicionado
De la impunidad y la paciencia

El otro ojo dijo entonces
Del sol que suda los hombros
De las naciones
Del último combate inútil
                que dejó huérfana a una madre
Y reventó la esperanza

Entonces el primer ojo
Cayó
Miró carnoso al otro ojo que
Sonrió
Y miraron al frente

Con ella
Se esparció una vez
El espumarajo de risa sobre la mesa
Temblaron las manos al alzar las botellas
Cortando la niebla de los cigarrillos
Y se tragó en convulso deseo
Sus líneas humedecidas de encanto

Con ella
Corrieron autostops hacia las playas
Manos para desollar la serenidad de las noches
Hilos para tejer la brisa en el vacío
Y cantos para llenar silencios aviejados

Con ella
Las letras amanecieron embelesadas
Y se rindieron a sus ritos y sueños
El día que seguía se juntó al siguiente
Y la mañana sucedió en la tarde
Y acabó en la noche y en todos los rincones
De sus intimidades

Con ella
La sábana se negó a sudar más bajo sus ansias
Y un día el cuarto se quejó de frío
Y necesitó más un filtro de color en la ventana
Y a toda aventura le dio igual
Ser un acontecimiento

Con ella
El gozo inquilino permutó a la calle
Cuando le pareció estrecho el dormitorio
La mesa no se ruborizó más y extrañó
Los secretos morbosos a su oído
La canción se hizo lenta e irritante
Y se ahogó en la sombra de la risa

Con ella
El tiempo transcurrió indolente
Las veces que brindaron no se fueron jamás
Ni el beso en la frente ni una celebración
Simplemente con ella pasó lo que pasó
La vida se perdió en el mantra de la cotidianidad
Y el deseo agotado se sentó a esperar

Juntos
Quizá hicimos más cortos los silencios
Y más tiernas las noches del invierno
Y digo quizá
Porque no hay derecho a molestar a otros que
Juntos
Hacen el día en 24 horas

Llegó con el tórax vacío
Y la vagina llena
Y un altar gigante donde yo era Dios
Y una rara especie de peligro de extinción
Todo fue mágico estrafalario salvaje
Todo fue
Dios murió un día helado de verano
Ella corrió con su cerebro en la mano
No pudo decir adiós

Tus oídos no escuchan
Porque las manos hablan sin parar
      Las pupilas se asoman por la nariz
      Las cejas muerden las uñas
      La música atolondra
Porque me arranco una postilla
      Los libros me aprisionan
      Los bytes se recalculan en un bucle infinito
Porque respeta para que te respeten
Porque el sol no sale los miércoles
Porque me van a escuchar
Porque cada glándula riñón arteria irá
      Uno a uno
Sin decir una palabra
A depositarse en ti

Tan lejos corres vuelves
Tan pronto llegas te vas
Enloquecido ascensor
Cortas y abres la luz
       De un edificio de 100 000 anteojos mal justificados
       Ajeno al desgaste de muelles y volantes
Tarado ventilador
Tu ira asciende una pendiente quebradiza
Resbalas y caes entre tus propios dientes
Tan larga esa canal
Tan terca esa montaña rusa de obsesiones
Vigas infantiles que cruzan
       Trozan tensan y caen
Tu carrusel de derrumbes
Asierra el surco del occipital de la zona oriental
En vano
       Alcanzas para cortar
       Un último destello
Luz

Hay una parada entre tú y yo
Hay un aguacero y un buen zurrón
De susurros frescos en mis orejas
¿Será posible que no haya Dios
Que parta los dientes del corazón
Que una poca mordida sea un bocado?
Que haya un baño para sacar olor
Que haya un basurero
Que pasen las puertas sin precaución
De que el tiempo siga y me diga adiós
De una falsa alarma en los sentimientos
Una retirada a la soledad
Como un buen fantasma viene y se va
Al final de todo será un comienzo
Quien vea a la dicha entrelácela
Porque se le escapa
Se escapa

Tu espacio es una sala llena
Un blues anima la coreografía
Entre bocanadas de apuro
La lascivia es una cuerda rota
Que vacía el espacio

Un día cualquier pasa sin aviso
No vuelve
Lo vemos encogerse al infinito
Seguros de un próximo día
El orgasmo debería durar
                              Hasta entonces
El beso una disnea
El abrazo asimiento inexorable
El amor la asíntota del suicidio
Como si el día que pasó sin aviso
Fuese la última página del almanaque

Tenía las tetas más redondas

                De Montevideo

Dos gotas de miel

        Buscándome la altura

Y una floresta de muelles

        Bañándole la espalda

Veía por los más endiablados

             Vitrales

Llenos de luz estéreos evaporantes

Me asfixió entre las gotas del ombligo

Tan cerca de donde empieza el día

Que tuve fuerzas para sentarla en mis puños

Y devorarla sediento

          Entre sus matorrales

Probé la sangre de Dios

         En su clítoris

Y me hice devoto del sexo

Sentí su motor

        Impresionante

Irrigar todos los espacios

Y comprendí

        Comprendí que nunca

Nunca perdonaré su magia

Ojos líquidos de delfines perdidos
Ventanas de la profundidad y el silencio
Manos húmedas de acariciar el mar
Una brisa fresca con labios de salitre
Me sumerge en la gloria

Ella cagó de pie
Ella devoró mil amantes y un panda
Ella pintó unos versos
Ella abortó en sus manos
Ella no tuvo carné ni ideología
Ella siempre está sola
   Porque sí
Ellos le repudiaron
   ¿Por qué no?

Ella es libre
Ellos no

Nunca morirás del todo
Siempre hay alguien para quien dejaste algo
Aunque sea muy poco
Aunque sea casi nada

Y cuando ese alguien muera
Nunca morirá del todo
Cómo tú y tampoco
Se irá con todo puesto

Nunca te perderás del todo
Tampoco para siempre
Porque siempre hay alguien que te buscará
Aunque sea solo a veces

Nunca moriré del todo
He escrito esto que, aunque es poco
Es algo que alguien encontrará
Sin proponerse nada

Nunca morirás del todo
Incluso cuando todos mueran
Cuando ya no quede nadie
Ni siquiera a veces

La tarde cae en la ciudad
Tanta gente viene y va
                    cuanta prisa en movimiento

No vamos a ningún lugar
Solo ver el mundo pasar
Otra vez y antes

Y te rodeo la cintura
Y una instantánea nos detiene
                              nos atrapa
En tono sepia
Fotos de parque
            de ocasión

Ahora el calor y la humedad
Son solo una sensación
            de la nostalgia

Y las farolas y el jardín
Y aquellos bancos desde donde el sol
            caía cada tarde

Solo ahí estamos tú y yo
Riéndonos de ese presente que pasó
            Tan fugazmente
Fotos de parque
            del ayer

Si sembraste flores en la luna
Si una neurona echó a volar más
Si das respuesta a todas las preguntas
Si al fin hallaste tu lugar

Las alas se abren de cualquier espina
Si tu garganta rompe un ras
Si tu llegaste y se juntaba el día
Si tu multiplicaste el sol

Si te fugaste dentro de un eclipse
Si en una ola echaste el mar
Si a media noche viste una mañana
Si te soñaste algún color

Dancemos juntos en cualquier esquina
Tiremos ganas al cielo
   que nuestra lluvia arrastre todo miedo
   que el aire tiemble de pudor

Miro a tus ojos y me abren
y hay un paisaje de la calma
y los colores de estar vivo
y lo profundo de un gran río
de amor
          de luz

Miro el paisaje de estar vivo
y lo profundo de tus ojos
y los colores que me abren
y este gran río de la calma
y te amo
          y sueño

Y soy un pez en tu cielo
y soy reptil en tu cuerpo
y soy un labio y te beso
y soy esponja y te sueño

Y soy un pez y te beso
y soy reptil y te sueño
y soy un labio en tu cielo
y soy esponja en tu cuerpo

En tu corazón se matan dos
        y me amas y odias otra vez
Una ola nos arrastra
Somos piedras que comparten red
Mientras pasa nuestra hora
No puede ser que seas mujer
          una excusa de seguir y pasar

Atrás quedó un mundo echo
        de espaldas contra la pared
Un tazón de té unos versos
Y las huellas de amar en la piel
Ceder no fue la estrategia
Y la pasión nos inundó
        hasta terminar ahogando al amor

Pero la vida es más
"No hay que seguir ni parar"
Solo aceptar y dar
Libre como el aire
        como el mar

Flota alguna canción
Y el abrigo de un tiempo que pasó
Pero hay un amanecer
Y otro horizonte
        y después

La soledad abre un foso
        pierdo el aliento al caer
En el fondo la tristeza
Ciego dolor que no ve
Resucito tengo un rumbo
A ningún lugar sin estación
Busco en el agua y el viento
        mi voz

Solo en la multitud
Te veo en la nada
Surges de la quietud
Y explotas en mi alma

No quiero que escapes
Ni hundirte conmigo
Hay puertas y el viento
Me inunda y lo amo sediento

Hay un cielo gris siempre dispuesto
A volar los sesos del encanto
Hay un corazón que no descansa
Y el deseo en el aire se nos va

Un delfín azul corta el silencio
Cuando arde el beso del adiós
Presa irresistible de la angustia
Porcelana ingrávida en mi voz

Cruza la raya
Agarra mis manos
Abre los ojos
Peguemos un salto al vacío

¿Cómo se puede huir
   abriendo el aire?
¿Cómo puede ser tan cruel
   la ausencia?
Es tan difícil estar
   sin presencia
Solo en mi corazón
   solo aquí en mi cabeza

Se que pudo pasar
   todo puede y se va
Todo vuelve a empezar
   todo queda en el aire
Es volátil vivir
   es fugaz la tristeza
Es la sombra un tapiz
   es la luz un recuerdo

Y ya da igual
   que haga frío
Y qué más da
   el vacío

¿Cómo puede crecer?
¿Cómo puede romper?
¿Cómo puede estallar?
   esta bomba de tiempo
¿Cómo puede matar
   este silencio?
Voy a resucitar sin ti

Ya da igual
   que haga frío
Qué más da
   el vacío

Tuve un hijo más
        mayor que yo
Un hombre de goma
        que enrollaba las orejas
Un plomero que
        reía
Que tocó la viola
        como nadie le enseñó jamás

Bomba y corazón
        con piernas
Libre y atrapado
        por el sexo y por un mundo
Sobre el que giraba
        y no entendía
                ni buscaba
        del que no salió
                aunque había puertas y ventanas

Anda nene
        tírame esa nota
                y escapa
Anda deja ya esa copa rota
        y mata

Desapareció en
      su selva
Un payaso
      un pez
            le vieron
Unas alas y algo
      con figura de guitarra

No volvió a pesar
      de vernos
Se pintó un jardín
      con perros
      un cielo con olas
      una costa con estrellas
      un teléfono sin extensión
            a Jimi Hendrix

Donde estés
      un beso
      un reloj
      un norte
      un jarrón
            de notas
      un sillón
            de goma

Cayó del cielo como una diosa desnuda
El tiempo se paró a mis pies
Besó mi boca y sentí la sobredosis
Sobrenatural, salvaje, del amor

No era Dios quien se fundió conmigo en una nube
No era luz, ni carne, ni el alcohol, no, no, no
Recorrió sus labios por mi cuello hasta la oreja
Fue entonces cuando susurró

¿Eh?

Con los años vuelve al anochecer
Como polvo de estrella en el mar
Como un soplo fresco de aurora boreal
Un orgasmo estelar y se va
No fue una abducción, no era virgen
Ni supe jamás si llegó, si se fue

Mis amigos miran cada noche a las estrellas
Un eclipse, un movimiento, una señal
Yo abro la ventana al amanecer
Y un aroma a café y una historia se ve
En la prensa se mueve una duda o verdad
Las marcianas llegaron ya

Ya ves   podría ser verano
Pero es invierno
Y en vez de estar en bolas por la playa
Estamos vestidos en la cama
                              Sin besarnos

Ya ves   podría ser de día
Pero es de noche
Y en vez de tomar el sol
Andamos con las velas de la duda
                              Sin salidas

Lo mejor que tiene la vida
Es
Que es un día tras otro